BEI GRIN MACHT SICH IHR WISSEN BEZAHLT

- Wir veröffentlichen Ihre Hausarbeit, Bachelor- und Masterarbeit

- Ihr eigenes eBook und Buch - weltweit in allen wichtigen Shops

- Verdienen Sie an jedem Verkauf

Jetzt bei www.GRIN.com hochladen und kostenlos publizieren

Moritz Wenninger

Controlling, Analyse des Jahresabschlusses und Kostenrechnung

GRIN Verlag

Bibliografische Information der Deutschen Nationalbibliothek:

Die Deutsche Bibliothek verzeichnet diese Publikation in der Deutschen National-
bibliografie; detaillierte bibliografische Daten sind im Internet über http://dnb.d-
nb.de/ abrufbar.

Impressum:

Copyright © 2012 GRIN Verlag GmbH
Druck und Bindung: Books on Demand GmbH, Norderstedt Germany
ISBN: 978-3-656-43568-6

Dieses Buch bei GRIN:

http://www.grin.com/de/e-book/214031/controlling-analyse-des-jahresabschlusses-
und-kostenrechnung

GRIN - Your knowledge has value

Der GRIN Verlag publiziert seit 1998 wissenschaftliche Arbeiten von Studenten, Hochschullehrern und anderen Akademikern als eBook und gedrucktes Buch. Die Verlagswebsite www.grin.com ist die ideale Plattform zur Veröffentlichung von Hausarbeiten, Abschlussarbeiten, wissenschaftlichen Aufsätzen, Dissertationen und Fachbüchern.

Besuchen Sie uns im Internet:

http://www.grin.com/

http://www.facebook.com/grincom

http://www.twitter.com/grin_com

Name der Anlage	Kieser Training Bamberg
	Klassifizierung / Einordnung
Anlagenstruktur	Gemischtes Studio
Art der Anlage	Franchise Studio
Größe der Anlage	750 bis 1499 qm
Preisstruktur der Anlage	30,00€ bis 59,99€

EA 1) Controlling

a)

Das Controlling ist ein Teilbereich der Unternehmensführung. „Der Kerngedanke des Controllings ist das Steuern unternehmerischer Aktivitäten auf Basis von Informationen" (FEILMEIER/KUNZ, 1997, S. 16). Diese Steuerung verläuft dabei aktiv und zielgerichtet. Weitere Hauptaufgaben sind neben dem Steuern, das Planen und die Kontrolle aller Unternehmensbereiche. Demzufolge kann man den Begriff „Controlling" nicht mit dem deutschen Wort „Kontrolle" gleichsetzen, da die Kontrolle nur ein Teilbereich des Controllings ist.

b)

Im Allgemeinen kann man unter dem Begriff "Fluktuation" eine Veränderung eines gewissen Zustandes verstehen. In der Fitnessbranche gibt die Fluktuation das Verhältnis zwischen den Kündigungen (oder Abgängen) zum durchschnittlichen Mitgliederbestand (meist für ein Geschäftsjahr) wieder. Die Formel für die Kennzahl der Fluktuation lautet:

$$\frac{\text{Anzahl der Abgänge pro Jahr}}{\text{duchschnittlicher Mitliederbestand pro Jahr}} \times 100$$

c)

Im eigenen Ausbildungsbetrieb wird die Fluktuationsquote auch anhand der oben genannten Formel ermittelt. Um die Zahlen der Berechnung zu erhalten läuft folgender Prozess ab: Damit ein Kunde als „Abgang" gezählt werden kann muss dieser zunächst mindestens zwei Monate vor Vertragsende kündigen (da sich Verträge im eigenen Unternehmen automatisch verlängern). Dieser Abgang wird elektronisch erfasst, indem der jeweilige Mitarbeiter die Kündigung in das System einpflegt. Ebenso geschieht es bei Neukunden, die einen neuen Vertrag abgeschlossen haben. In diesem System kann unter dem sogenannten „Maketingmodul" die Anzahl der Kündigungen und der Neuverträge eingesehen werden. So wird auch die durchschnittliche Mitgliederzahl für jeden Monat automatisch berechnet. Wenn man nun die Fluktuationsquote berechnen möchte, muss man nur die Anzahl der Kündigungen durch den durchschnittlichen Mitgliederbestand der jeweiligen Periode teilen und mit der Zahl 100 multiplizieren.

Bei Kieser Training existiert neben der reinen Fluktuationsquote eine sogenannte Erneuerungsrate. Diese entsteht, da die Angebotsstruktur des Unternehmens erst im Jahre 2011 auf die automatische Verlängerung eines Vertrages umgestellt worden ist. Bei Kunden, die im Jahre 2010 einen 24-Monatsvertrag abgeschlossen haben, läuft der Vertrag noch automatisch aus. Das Verhältnis zwischen Kunden, die ihren Vertrag auslaufen lassen und denjenigen, die ihn verlängern, nennt man bei Kieser Training „EOU-Quote" (Erneuerung ohne Unterbrechung). Zusätzlich kann man einen Vertrag nach einer gewissen Pause erneuern. Die Daraus resultierende Kennzahl nennt man „EMU- Quote" (Erneuerung mit Unterbrechung). Da auch diese Daten durch die Mitarbeiter in das interne System von Kieser (KIS) eingepflegt werden, können die Quoten anhand des Marketingmoduls schnell berechnet werden.

d)

In der folgenden Aufgabe wird die Fluktuationsquote des letzten Geschäftsjahres des eigenen Betriebes berechnet. Die nötigen Zahlen für die Berechnung werden zunächst in einer Tabelle dargestellt:

Tab.1: Darstellung der Zahlen zur Berechnung der Fluktuationsquote im eigenen Betrieb

Monate (2011)	Mitglieder-bestand	Neuzu-gänge	Abgän-ge	Netto-gewinn
Januar	3016	98	59	39
Februar	3055	78	99	-21
März	3034	58	83	-25
April	3009	41	71	-30
Mai	2979	39	55	-16
Juni	2963	25	26	-1
Juli	2962	46	82	-36
August	2926	31	51	-20
September	2906	46	100	-54
Oktober	2948	86	93	-7
November	2941	39	42	-3
Dezember	2938	48	64	-16
Gesamt	2922	636	825	-190

Anhand der Zahlen kann die Fluktuationsquote berechnet werden. Dabei werden die Abgänge durch den durchschnittlichen Mitgliederbestand geteilt. Dieser ergibt sich wenn man die Summe der Monatsanfangsbestände und dem Monats-endbestand Dezember (hier „Gesamt") durch die Zahl 13 teilt.

Berechnung durchschnittlicher Mitgliederbestand:

$$\frac{3016+3055+3034+3009+2979+2963+2962+2926+2906+2948+2941+2938+2922}{13} = 2969,15$$

Berechnung der Fluktuationsquote:

$$\frac{\text{Anzahl der Abgänge pro Jahr}}{\text{duchschnittlicher Mitliederbestand pro Jahr}} \times 100 = \frac{825}{2969,15} \times 100 = 27,79\%$$

e)

In der folgenden Aufgabe wird die Produktivität/Effizienz des Trainingsbereichs ermittelt. Hierzu benötigt man folgende Formel:

$$\frac{\text{Anzahl der Trainerstunden}}{\text{durchschnittlicher Mitgliederbestand}} \times 100$$

Die Kennzahlen werden für die letzten drei Monate (März, April, Mai) ermittelt. Im eigenen Unternehmen sind insgesamt dreizehn Mitarbeiter beschäftigt, die sich abwechselnd um die Trainingsfläche und die Rezeptionsarbeit kümmern. Dabei ist immer ein Mitarbeiter an der Rezeption und die Restlichen auf der Trainingsfläche.

Im Monat März arbeiten alle Mitarbeiter zusammen 1323 Stunden. Davon werden die Stunden abgezogen, an denen ein Mitarbeiter an der Rezeption ist: An 23 Tagen im Monat sind dies jeweils 14 Stunden; an 8 Tagen im Monat jeweils neun (insgesamt: 394 Stunden).

Anzahl der Trainerstunden (März): 1323 h – 394 h = 929 h

Anzahl der Trainerstunden (April): 1188 h – 375 h = 813 h

Anzahl der Trainerstunden (Mai): 1134 h – 394 h = 740 h

Durchschnittlicher Mitgliederbestand (März) = 2965

Durchschnittlicher Mitgliederbestand (April) = 2937

Durchschnittlicher Mitgliederbestand (Mai) = 2923

Produktivität (März) = $\frac{\text{Anzahl der Trainerstunden (März)}}{\text{durchschnittlicher Mitgliederbestand (März)}} \times 100 =$

$\frac{929}{2965} \times 100 = 31{,}33\ \%$

Produktivität (April) = $\frac{\text{Anzahl der Trainerstunden (April)}}{\text{durchschnittlicher Mitgliederbestand (April)}} \times 100 =$

$\frac{813}{2937} \times 100 = 27{,}68\ \%$

Produktivität (Mai) $= \frac{\text{Anzahl der Trainerstunden (Mai)}}{\text{durchschnittlicher Mitgliederbestand (Mai)}} \times 100 =$

$\frac{740}{2923} \times 100 = 25{,}31\ \%$

Allgemein kann man sagen, dass alle drei Kennzahlen sehr hoch liegen. Im Durchschnitt bekommt in den drei Monaten jeder dritte bis fünfte Kunde ein Kontrolltraining (Im eigenen Betrieb entspricht die Trainerstunde einem Kont-

rolltraining). Diese hohen Werte spiegeln auch die Wichtigkeit der Betreuung im eigenen Betrieb wider.

Zusätzlich ist zu erkennen, dass die Werte im Verlauf von März bis Mai sinken. Dies lässt sich mit der Auslastung des Betriebes und den damit verbundenen Arbeitszeiten begründen: In dem Monaten Januar bis März ist im eigenen Betrieb Aktionszeitraum. Das bedeutet mehr Einführungs- und Kontrolltrainings, was wiederrum mehr Arbeitszeit zur Folge hat. Außerdem gilt in diesen drei ersten Monaten Urlaubssperre. In den Monaten April und Mai haben manche Mitarbeiter Urlaub, was sich an der sinken Gesamtarbeitszeit zeigt. Dies hat automatisch weniger Trainerstunden zur Folge, da die Arbeitszeit an der Rezeption immer gleichbleibend ist. Im Herbst ist dann wieder ein Anstieg der Arbeitszeit und auch der Produktivität zu erwarten.

f)

In dieser Aufgabe wird eine Controllingkonzeption für einen Personal-Trainingsbereich erstellt:

Der Ablauf eines Controlling-Konzepts besteht aus fünf Schritten, auf die im einzelnen eingegangen wird: (1) Ziele, (2) Messgrößen, (3) Erfassung, (4) Bewertung, (5) Entscheidung (vgl. SCHLAFFKE/PLÜNNECKE, 2011, S. 20).

Schritt 1: Bevor man sich mit verschiedenen Kennzahlen beschäftigt, sollte zunächst ein Ziel definiert werden. Ein Ziel ist gekennzeichnet durch die drei Faktoren Inhalt, Ausmaß und Zeit (vgl. WOLLENBERG, 2004, S. 214). Als Ziel für dieses Controllingkonzept wird die Steigerung der Auslastung des Bereichs um 10 % in sechs Monaten festgelegt.

Schritt 2: Um das Resultat überhaupt erfassen, bewerten und kontrollieren zu können benötigt man Messgrößen wie Kennzahlen. „Kennzahlen sind Werte, die der innerbetrieblichen Beurteilung sowie des innerbetrieblichen und zwischenbetrieblichen Vergleiches dienen" (SCHLAFFKE/PLÜNNECKE, 2011, S. 27). Dabei unterscheidet man noch zwischen absoluten und relativen Kennzahlen (vgl. SCHLAFFKE/PLÜNNECKE, 2011, S. 28): Die absoluten Kennzahlen beschreiben absolute Größen wie Gewinn oder Umsatz; die relativen Kennzahlen geben eine Verhältnis zwischen zwei Kennzahlen an (Bsp.: Rentabilität). Um nun die

Auslastung zu erhöhen, können unter anderem folgende Kennzahlen zum Einsatz kommen:

Relative Kennzahlen:

- Auslastung: $\frac{\text{Anzahl der Termine}}{\text{Anzahl der Arbeitsstunden}}$ x 100

- Anzahl der Kunden, die das Personaltraining nutzen: $\frac{\text{Anzahl der Kunden (Personal Training)}}{\text{durchschnittlicher Mitgliederbestand}}$ x 100

- Produktivität der einzelnen Mitarbeiter (wenn mehrere Personaltrainer existieren, da auf diese Weise die Werte der einzelnen Trainer miteinander verglichen werden können): $\frac{\text{Anzahl der Trainerstunden}}{\text{durchschnittlicher Mitgliederbestand}}$ x 100

- Verhältnis zwischen der Auslastung vom Personaltrainer-Bereich zu anderen Bereichen (z.B.: Ernährungsberatung): $\frac{\text{genutzte Personaltrainer-Stunden}}{\text{genutzte Ernährungsberatungen (pro Stunde)}}$

Absolute Kennzahlen:

- Dauer der Nutzung des Personaltrainings
- Frequenz der Nutzung (wie oft pro Woche wird eine Personaltraining-Stunde gebucht)
- Wie hoch schätzen die Kunden ihre Erfolge ein (subjektive Kennzahl, Ermittlung durch Fragebogen, Skala 0-10)

Schritt 3: In diesem Schritt werden die einzelnen Daten erhoben. Dafür müssen die Mitarbeiter Strichlisten führen oder Fragebögen ausfüllen lassen. Diese Daten werden dann vollständig in ein System eingepflegt, welches dann die verschiedenen Quoten berechnen kann (alternativ können die Quoten auch per Hand ausgerechnet werden).

Schritt 4: Als nächstes müssen die erfassten Daten und Quoten bewertet werden. Dies gelingt am besten durch den innerbetrieblichen Vergleich (z.B: Vergleich der Zahlen zum Vorjahr). Wenn kein Zahlenmaterial vorhanden ist, kann man auf durchschnittliche Branchenwerte zugreifen oder sich mit anderen Marktteilnehmern mit ähnlicher Angebots- und Preisstruktur vergleichen (Gefahr: Bei stark variierenden Umsatz- oder Mitgliederzahlen ist das Zahlenmaterial nur schwer zu vergleichen).

Schritt 5: Nach der Bewertung folgt die Entscheidung: In diesem Schritt können Gegenmaßnahmen ergriffen werden wenn die eigenen Zielvorgaben nicht erreicht werden sollten.

Gegenmaßnahme (1): Wenn durch die Kennzahlen sichtbar wird, dass ein Personaltrainer eine wesentlich höhere Auslastung aufweist als ein zweiter, ist es wichtig, nach der Ursache zu suchen. Durch kleine Umfragen bei den Kunden, die den Bereich nutzen, erfährt man nun, dass es an der mangelnden Kompetenz des jeweiligen Trainers liegt. Die Unternehmensleitung hat nun die Wahl, den Trainer durch eine kompetentere Kraft zu ersetzen oder den bestehenden Trainer zu schulen.

Gegenmaßnahme (2): Durch die Erhebung der Zahlen erkennt man, dass viel zu wenige Kunden den Personaltraining-Bereich nutzen. Dies kann an der mangelnden Kommunikation nach außen begründet sein. Die Leitung entschließt sich folglich für Plakatwerbung im Marktgebiet I und für zwei Steller im eigenen Betrieb, die die Aufmerksamkeit auf das Personal-Training legen sollen.

Gegenmaßnahme (3): Es zeigt sich, dass die Auslastung der einzelnen Trainer viel zu gering ist. Die Ursache hierfür liegt entweder in einer zu geringen Anzahl an vereinbarten Stunden oder in der zu hohen Arbeitszeit des Personals. Die Unternehmensleitung entscheidet sich folglich als erstes für die Reduktion der Arbeitszeit (um unnötige Kosten zu sparen);eine erhöhte Aufmerksamkeit auf die Kommunikation nach außen, um letztendlich die Auslastung wieder zu erhöhen und die Arbeitszeit wieder nach oben anzupassen, wird jedoch nicht verwirklicht.

EA 2) Analyse des Jahresabschluss

a)

„Unter der Bilanzanalyse ist die Aufbereitung (Verdichtung) sowie die Auswertung erkenntniszielorientierter Unternehmensinformationen mittels Kennzahlen, Kennzahlensysteme und sonstiger Methoden zu verstehen" (KÜTING/WEBER, 2004, S. 3). Mit Hilfe einer Bilanzanalyse kann man genauere Aussagen über die Vermögens-, Finanz- und Ertragslage eines Unternehmens treffen. Dabei unterscheidet man zwischen der formalen und der materiellen Bilanzanalyse:

Bei der formalen Bilanzanalyse wird überprüft ob der Jahresabschluss mit den gesetzlichen Vorschriften übereinstimmt. Außerdem wird die Einhaltung des Grundsatzes der ordnungsgemäßen Buchführung überprüft (GoB). Diesbezüglich müssen Bilanz und GuV sowie der Anhang gewissen Faktoren entsprechen (Ausweis-, Gliederungs-, Benennungs- und Übersichtlichkeitsgesichtpunkte) (vgl. VOLLMUTH, 2009, S. 32).

Die materielle Bilanzanalyse beschäftigt sich mit der inhaltlichen Analyse und der sachlichen Auswertung des Jahresabschlusses. Mit Hilfe von Kennzahlen kann man somit Einblicke in die wirtschaftliche Lage eines Unternehmens bekommen, welche als Planungsgrundlage für die Zukunft dienen kann (vgl. VOLLMUTH, 2009, S. 33+34).

b)

Die Eigenkapitalquote ist eine relative Kennzahl und zeigt, wie hoch der Anteil des Eigenkapitals am Gesamtkapital ist. Eine hohe Eigenkapitalquote zeigt folglich an, dass viel Eigenkapital (oder wenig Fremdkapital) im Gesamtkapital steckt. Je höher die Quote, desto stabiler die finanzielle Lage und die Unabhängigkeit des Unternehmens.

Allgemeine Berechnungsformel:

$$\text{Eigenkapitalquote} = \frac{\text{Eigenkapital}}{\text{Gesamtkapital}} \times 100 \quad \text{(vgl. SCHLAFFKE/PLÜNNECKE,}$$
2011, S.39).

Das Working Capital ist eine absolute Kennzahl und wird als solches Umlaufvermögen bezeichnet, das nicht zur Deckung der kurzfristigen Verbindlichkeiten gebunden ist (vgl. LIES, 2011, S. 22+23). Außerdem besagt die Kennzahl in welcher Höhe verzinsliches Kapital im Vermögen gebunden ist (vgl. GLEICH/HORVÁTH/MICHEL, 2011, S. 246). Das Working Capital sollte stets positiv sein. Ist der Wert jedoch negativ, bedeutet dies, dass das Umlaufvermögen nicht ausreicht, um die kurzfristigen Verbindlichkeiten zu decken. Somit wird ein Teil des Anlagevermögens kurzfristig finanziert, was gegen die goldenen Bilanzregel verstößt und schnell zu Liquiditätsproblemen führen kann (vgl. SCHLAFFKE/PLÜNNECKE, 2011, S. 40).

Allgemeine Berechnungsformel:

Working Capital = Umlaufvermögen – kurzfristige Verbindlichkeiten

c)

In dieser Aufgabe werden folgende Kennzahlen der Puma AG anhand des Konzernjahresabschlusses (vgl. PUMA AG, 2011, S. 134) ermittelt: Eigenkapitalquote (für 2009 und 2010) und Working capital (für 2009 und 2010).

$$\text{Eigenkapitalquote (2009)} = \frac{\text{Eigenkapital (2009)}}{\text{Gesamtkapital (2009)}} \times 100 = \frac{1.133.300.000 \text{ €}}{1.925.000.000 \text{ €}} \times 100 =$$

$$= \underline{58,87 \text{ \%}}$$

$$\text{Eigenkapitalquote (2010)} = \frac{\text{Eigenkapital (2010)}}{\text{Gesamtkapital (2010)}} \times 100 = \frac{1.386.400.000 \text{ €}}{2.366.600.000 \text{ €}} \times 100 =$$

$$= \underline{58,58 \text{ \%}}$$

Working capital (2009) = Umlaufvermögen (2009) – kurzfristige

Verbindlichkeiten (2009) =

$$= 1.294.200.000 \text{ €} – 627.500.000 \text{ €} = \underline{666.700.000 \text{ €}}$$

Working capital (2010) = Umlaufvermögen (2010) – kurzfristige

Verbindlichkeiten (2010) =

$$= 1.547.200.000 \text{ €} - 799.000.000 \text{ €} = \underline{748.200.000 \text{ €}}$$

d)

In der folgenden Aufgabe wird folgende Kennzahl ermittelt und bewertet:

$$\frac{\text{Konzernjahresüberschuss 2010}}{\text{Rohertrag 2010}} \times 100$$

Den Betrag für den Konzernjahresüberschuss findet man im Internet im Lagebericht der Puma AG über das Geschäftsjahr 2010 (vgl. PINAULT, 201, S.11). Der Rohertrag ist im Jahresvergleich zu finden (PUMA AG, 2011).

$$\frac{\text{Konzernjahresüberschuss 2010}}{\text{Rohertrag (2010)}} \times 100 = \frac{223.000.000 \text{ €}}{1.344.800.000 \text{ €}} \times 100 = \underline{16,58 \text{ \%}}$$

$$\frac{\text{Konzernjahresüberschuss 2009}}{\text{Rohertrag (2009)}} \times 100 = \frac{162.900.000 \text{ €}}{1.243.100.000 \text{ €}} \times 100 = \underline{13,10\ \%}$$

Im Bezug auf diese Kennzahlen hat zwischen den Jahren 2009 und 2010 eine Veränderung von 26,56 % stattgefunden. Die Steigerung dieses Wertes ist vor allem auf den Anstieg des Konzernjahresüberschusses zurückzuführen.

e)

Um die wirtschaftliche Entwicklung der Puma AG in den Jahren 2009 und 2010 besser einschätzen zu können wird der Jahresabschluss (vgl. PUMA AG, 2011) mit unterschiedlichen Teilanalysen bewertet. Dazu gehören die Strukturanalyse, die Finanzanalyse, die Erfolgsanalyse, die Cash-flow-Analyse und die Kapital-flussrechnung (vgl. SCHLAFKE/PLÜNNECKE, 2011, S. 77). (Auf die ersten drei Teilanalysen wird anhand von Kennzahlen genauer eingegangen):

Strukturanalyse: In dieser Teilanalyse beschäftigt man sich entweder mit einem Teil der Bilanz (vertikale Strukturanalyse) oder mit den Beziehungen untereinander (horizontale Strukturanalyse). Folgende Kennzahlen können in diesem Bereich ermittelt werden:

- Änderung des Anlagevermögens $(\Delta \text{ AV}) = \frac{\text{AV Geschäftsjahr}}{\text{AV Vorjahr}} \times 100 =$

$$= \frac{819.400.000 \text{ €}}{630.800.000 \text{ €}} \times 100\% = \underline{129,90\ \%}$$

- Änderungsrate des Umlaufvermögens $(\Delta \text{ UV}) = \frac{\text{UV Geschäftsjahr}}{\text{UV Vorjahr}} \times 100 =$

$$= \frac{1.547.200.000 \text{ €}}{1.294.200.000 \text{ €}} \times 100\% = \underline{119,55\ \%}$$

- Anlageintensität (2009) $= \frac{\text{Anlagevermögen (2009)}}{\text{Bilanzsumme (2009)}} \times 100\ \% =$

$$= \frac{630.800.000 \text{ €}}{1.925.000.000 \text{ €}} \times 100\ \% = \underline{32,77\ \%}$$

- Anlageintensität (2010) $= \frac{\text{Anlagevermögen 2010}}{\text{Bilanzsumme 2010}} \times 100\ \% =$

$$= \frac{819.400.000 \text{ €}}{2.366.600.000 \text{ €}} \times 100\ \% = \underline{34,62\ \%}$$

- Arbeitsintensität (2009) $= \frac{\text{Umlaufvermögen (2009)}}{\text{Bilanzsumme (2009)}} \times 100\ \% =$

$$= \frac{1.294.200.000 \text{ €}}{1.925.200.000 \text{ €}} \times 100\ \% = \underline{67,22\ \%}$$

- Arbeitsintensität (2010) $= \dfrac{\text{Umlaufvermögen (2010)}}{\text{Bilanzsumme (2010)}}$ x 100 % =

$= \dfrac{1.547.200.000 \text{ €}}{2.366.600.000 \text{ €}}$ x 100 % = $\underline{65,38 \text{ %}}$

- Eigenkapitalquote (2009) $= \dfrac{\text{Eigenkapital (2009)}}{\text{Bilanzsumme (2009)}}$ x 100 % =

$= \dfrac{1.133.300.000 \text{ €}}{1.925.000.000 \text{ €}}$ x 100 % = $\underline{58,87 \text{ %}}$

- Eigenkapitalquote (2010) $= \dfrac{\text{Eigenkapital (2010)}}{\text{Bilanzsumme (2010)}}$ x 100 % =

$= \dfrac{1.386.400.000 \text{ €}}{2.366.600.000 \text{ €}}$ x 100 % = $\underline{58,58 \text{ %}}$

- Fremdkapitalquote (2009) $= \dfrac{\text{Fremdkapital (2009)}}{\text{Bilanzsumme (2009)}}$ x 100 % =

$= \dfrac{791.700.000 \text{ €}}{1.925.000.000 \text{ €}}$ x 100 % = $\underline{41,13 \text{ %}}$

- Fremdkapitalquote (2010) $= \dfrac{\text{Fremdkapital (2010)}}{\text{Bilanzsumme (2010)}}$ x 100 % =

$= \dfrac{980.200.000 \text{ €}}{2.366.600.000 \text{ €}}$ x 100 % = $\underline{41,42 \text{ %}}$

- Verschuldungsgrad (2009) $= \dfrac{\text{Fremdkapital (2009)}}{\text{Eigenkapital (2009)}}$ x 100 % =

$= \dfrac{791.700.000 \text{ €}}{1.133.300.000 \text{ €}}$ x 100 % = $\underline{69,86 \text{ %}}$

- Verschuldungsgrad (2010) $= \dfrac{\text{Fremdkapital (2010)}}{\text{Eigenkapital (2010)}}$ x 100 % =

$= \dfrac{980.200.000 \text{ €}}{1.386.400.000 \text{ €}}$ x 100 % = $\underline{70,0 \text{ %}}$

- Umschlaghäufigkeit des Kapitals (2009) $= \dfrac{\text{Umsatz (2009)}}{\text{Bilanzsumme (2009)}}$ x100 %=

$= \dfrac{2.447.300.000 \text{ €}}{1.925.000.000 \text{ €}}$ x 100% = $\underline{127,13 \text{ %}}$

- Umschlaghäufigkeit des Kapitals (2010) $= \dfrac{\text{Umsatz (2010)}}{\text{Bilanzsumme (2010)}}$ x 100 % =

$\dfrac{2.706.400.000 \text{ €}}{2.366.600.000 \text{ €}}$ x 100 % = $\underline{114,36 \text{ %}}$

Die vertikale Strukturanalyse zeigt jeweils eine Steigerung des Anlage- und Umlaufvermögens im Jahr 2010. Zusätzlich steigt das Anlagevermögen im Verhältnis zur Bilanzsumme; das Umlaufvermögen nimmt in diesem Verhältnis leicht ab.

Die horizontale Strukturanalyse zeigt, dass sich das Verhältnis zwischen Eigen- und Gesamtkapital nahezu nicht ändert, genauso wie das Fremdkapital im Ver-

gleich zum Gesamtkapital. Auch der Verschuldungsgrad erleidet nur einen minimalen Anstieg. Die Umschlaghäufigkeit des Kapitals sinkt jedoch um 13 Prozentpunkte.

Finanzanalyse: Bei der Finanzanalyse kann man zwischen kurzfristiger (Liquidität 1.-3. Grades, Cash-flow, Working capital) und langfristiger Liquidität (Deckungsgrade I-III) unterscheiden:

- Liquidität 1. Grades (2009) = $\dfrac{\text{Zahlungsmittelbestand (2009)}}{\text{kurzfristige Verbindlichkeiten (2009)}}$ x 100%=

$= \dfrac{485.600.000\ €}{627.500.000\ €}$ x 100 % = $\underline{77,37\ \%}$

- Liquidität 1. Grades (2010) = $\dfrac{\text{Zahlungsmittelbestand (2010)}}{\text{kurzfristige Verbindlichkeiten (2010)}}$ x100 %=

$= \dfrac{479.600.000\ €}{799.000.000\ €}$ x100 % = $\underline{60,03\ \%}$

- Liquidität 2. Grades (2009) =

$\dfrac{\text{Zahlungsmittelbestand (2009) + kurzfristige Forderungen (2009)}}{\text{kurzfristige Verbindlichkeiten (2009)}}$ x 100 % =

$= \dfrac{485.600.000\ € + 380.900.000\ €}{627.500.000\ €}$ x 100 % = $\underline{138,09\ \%}$

- Liquidität 2. Grades (2010) =

$\dfrac{\text{Zahlungsmittelbestand (2010) + kurzfristige Forderungen (2010)}}{\text{kurzfristige Verbindlichkeiten (2010)}}$ x 100 % =

$= \dfrac{479.600.000\ € + 527.800.000\ €}{799.000.000\ €}$ x 100 % = $\underline{126,08\ \%}$

- Liquidität 3. Grades (2009) = $\dfrac{\text{Umlaufvermögen (2009)}}{\text{kurzfristige Verbindlichkeiten (2009)}}$ x100 %=

$= \dfrac{1.294.200.000\ €}{627.500.000\ €}$ x 100 % = $\underline{206,25\ \%}$

- Liquidität 3. Grades (2010) = $\dfrac{\text{Umlaufvermögen (2010)}}{\text{kurzfristige Verbindlichkeiten (2010)}}$ x100%=

$= \dfrac{1.547.200.000\ €}{799.000.000\ €}$ x 100 % = $\underline{193,64\ \%}$

- Cash-flow (2009) = Gewinn (2009) + Abschreibungen (2009) =
  = 79.600.000 € + 71.400.000 € = $\underline{151.000.000\ €}$
- Cash-flow (2010) = Gewinn (2010) + Abschreibungen (2010) =
  = 202.200.000 € + 65.900.000 € = $\underline{268.100.000\ €}$
- Working capital (2009) = UV (2009) – kurzf. Verbindlichkeiten (2009) =
  = 1.294.200.000 € – 627.500.000 € = $\underline{666.700.000\ €}$
- Working capital (2010) = UV (2010) – kurzf. Verbindlichkeiten (2010) =
  = 1.547.200.000 € - 799.000.000 € = $\underline{748.200.000\ €}$

- Deckungsgrad I (2009) = $\dfrac{\text{Eigenkapital (2009)}}{\text{Anlagevermögen (2009)}}$ x 100 % =

$= \dfrac{1.133.300.000\ €}{630.800.000\ €}$ x 100 % = 179,66 %

- Deckungsgrad I (2010) = $\dfrac{\text{Eigenkapital (2010)}}{\text{Anlagevermögen (2010)}}$ x 100 % =

$= \dfrac{1.386.400.000\ €}{819.400.000\ €}$ x 100 % = 169,20 %

- Deckungsgrad II (2009) = $\dfrac{\text{Eigenkapital (2009) langfr. FK (2009)}}{\text{Anlagevermögen (2009)}}$ x 100 % =

$= \dfrac{1.133.300.000\ € + 164.200.000\ €}{630.800.000\ €}$ x 100 % = 205,69 %

- Deckungsgrad II (2010) = $\dfrac{\text{Eigenkapital (2010) langfr. FK (2010)}}{\text{Anlagevermögen (2010)}}$ x100 % =

$= \dfrac{1.386.400.000\ € + 181.200.000\ €}{819.400.000\ €}$ x 100 % = 191,31 %

- DeckungsgradIII(2009)=$\dfrac{\text{Eigenkapital (2009) langfr. FK (2009)}}{\text{Anlagevermögen (2009) + Vorräte (2009)}}$ x 100%=

$= \dfrac{1.133.300.000\ € + 164.200.000\ €}{630.800.000\ € + 344.400.000\ €}$ x 100 % = 133,05 %

- DeckungsgradIII(2010)= $\dfrac{\text{Eigenkapital (2010) langfr. FK (2010)}}{\text{Anlagevermögen (2010) + Vorräte (2010)}}$ x100%=

$= \dfrac{1.386.400.000\ € + 181.200.000\ €}{819.400.000\ € + 439.700.000\ €}$ x 100 % = 124,50 %

Die Finanzanalyse zeigt eine leichte Reduktion aller Liquiditätsgrade im Jahr 2010. Der Cash-flow hat sich jedoch nahezu verdoppelt. Auch das Working capital erfährt eine leichte Erhöhung. Die Deckungsgrade verhalten sich nahezu proportional zu den Liquiditätsgraden.

Erfolgsanalyse: In diesem Bereich der Analyse wird Aufschluss über eine zukünftige Entwicklung des Unternehmens gegeben:

- Änderungsrate Gewinn (ΔG) = $\dfrac{\text{Gewinn Geschäftsjahr (2010)}}{\text{Gewinn Geschäftsjahr (2009)}}$ x 100 % =

$= \dfrac{202.000.000\ €}{79.600.000\ €}$ x 100 % = 253,77 %

- Eigenkapitalrentabilität (2009) = $\dfrac{\text{Gewinn (2009)}}{\text{Eigenkapital (2009)}}$ x 100 % =

$= \dfrac{79.600.000\ €}{1.133.300.000\ €}$ x 100 % = 7,02 %

- Eigenkapitalrentabilität (2010) = $\dfrac{\text{Gewinn (2010)}}{\text{Eigenkapital (2010)}}$ x 100 % =

$= \dfrac{202.200.000\ €}{1.386.400.000\ €}$ x 100 % = 14,58 %

- Gesamtkapitalrentabilität (2009) = $\frac{\text{Gewinn (2009) + FKZ (2009)}}{\text{Bilanzsumme (2009)}}$ x 100 % =

= $\frac{79.600.000\ \text{€} + 11.800.000\ \text{€}}{1.925.000.000\ \text{€}}$ x 100 % = 4,75 %

- Gesamtkapitalrentabilität (2010) = $\frac{\text{Gewinn (2010) + FKZ (2010)}}{\text{Bilanzsumme (2010)}}$ x 100 % =

= $\frac{202.200.000\ \text{€} + 11.500.000\ \text{€}}{2.366.600.000\ \text{€}}$ x 100 % = 9,03 %

- Umsatzrentabilität (2009) = $\frac{\text{Gewinn (2009)}}{\text{Umsatz (2009)}}$ x 100 % =

$\frac{79.600.000\ \text{€}}{2.447.300.000\ \text{€}}$ x 100 % = 3,25 %

- Umsatzrentabilität (2010) = $\frac{\text{Gewinn (2010)}}{\text{Umsatz (2010)}}$ x 100 % =

= $\frac{202.200.000\ \text{€}}{2.706.200.000\ \text{€}}$ x 100 % = 7,47 %

In der Erfolgsanalyse wird ersichtlich, dass der Gewinn sich mehr als verdoppelt. Ebenso verhalten sich die Gesamtkapitalrentabilität und die Umsatzrentabilität.

Zusammenfassend kann festgehalten werden, dass die Entwicklung der Puma AG in dieser Zeit als sehr gut einzustufen ist. Auch wenn das Unternehmen in seiner Liquidität Einbußen erfährt, so wird die Rentabilität deutlich erhöht. Dies ist einerseits auf das Krisenjahr 2009 zurückzuführen, in dem das Unternehmen schwer getroffen worden ist; zum anderen hat die Fußball-WM im Jahre 2010 viel zur Umsatzsteigerung beigetragen.

EA 3) Kostenrechnung

a)

Allgemein wird der Deckungsbeitrag als Differenz zwischen den Erlösen und den variablen Kosten definiert (vgl. RENKEL, 2009, S. 62). Zusätzlich unterscheidet man noch zwischen Deckungsbeitrag I und II: Beim Deckungsbeitrag I werden von den erzielten Umsätzen lediglich die direkt zurechenbaren variablen Kosten abgezogen; um den Deckungsbeitrag II zu erhalten zieht man schließlich die direkt zuordenbaren fixen Kosten vom Deckungsbeitrag I ab (vgl. SCHLAFF-KE/PLÜNNECKE, 2011, S. 121).

b)

Deckungsbeitragsrechnung:

Geg.: Fläche Gesamt: 980m²

Fläche Bereich: 45m²

Deckungsbeitrag: 700€

Arbeitszeit: 48h

Personalkosten: 16€/h

Miete Gesamt: 9.250€

Nebenkosten Gesamt: 1.964€

Anschaffungskosten: 13.000€ (brutto, lineare Abschreibung,

Nutzungsdauer: 5 Jahre)

Ges.: Bruttoverkaufspreis für halbstündige Ernährungsberatung bei 60 % Auslastung; Deckungsbeitrag: 700€

Lös.: Berechnung der Mietkosten für den Bereich:

$$\frac{\text{Fläche Bereich}}{\text{Fläche Gesamt}} \times 100\ \% = \frac{45\ m^2}{980\ m^2} \times 100\ \% = 4,59\ \%$$

$$\frac{9.250\ €}{100\ \%} \times 4,59\ \% = \underline{424,58\ €}$$

Berechnung der Nebenkosten für den Bereich:

$$\frac{1.964\ €}{100\ \%} \times 4,59\ \% = \underline{90,15\ €}$$

Berechnung Personalkosten:

48h x 16€/h = $\underline{768\ €}$

Berechnung Abschreibungsbetrag pro Monat:

$$\frac{13.000\ €}{100\ \%} \times 81\ \% = 10.530\ € \text{ (Anschaffungskosten netto)}$$

$$\frac{10.530\ €}{5} = 2.106\ € \text{ (Jährlicher Abschreibungsbetrag)}$$

$$\frac{2.106\ €}{12} = \underline{175,5\ €} \text{ (Monatlicher Abschreibungsbetrag)}$$

Berechnung aller Kosten: Deckungsbeitrag: 700 €

Personalkosten: 768 €

Mietkosten: 424,58 €

Nebenkosten: 90,15 €

Abschreibungen:	175,5 €
Gesamtkosten	2158,23 €

Berechnung der Anzahl der halbstündigen Behandlungen bei 60 % Auslastung:

$$\frac{48 \times 2}{100\%} \times 60\% = \underline{57,6}$$

Berechnung Nettoverkaufspreis:

$$\frac{\text{Gesamtkosten}}{\text{Anzahl Behandlungen}} = \frac{2158,23\ €}{57,6} = \underline{37,47\ €}$$

Berechnung Bruttoverkaufspreis:

Nettoverkaufspreis x 19% = 37,47 € x 1,19 = $\underline{44,59\ €}$

Ant.: Um bei einer Auslastung von 60 % eine Deckungsbeitrag von 700 € zu erreichen, muss eine halbstündige Ernährungsberatung zu einem Bruttoverkaufspreis von 44,59 € angeboten werden.

c)

Da der eigene Ausbildungsbetrieb keine Ernährungsberatungen anbietet, kann er bezüglich dessen nicht mit vergleichbaren Konkurrenzangeboten verglichen werden. Aus diesem Grund werden jeweils die vollständigen Angebotsstrukturen der Konkurrenzbetriebe dem eigenen Betrieb gegenüber gestellt. Um herauszufinden, wie viele Mitbewerber sich im näheren Umkreis befinden, wird das Gebiet zunächst in zwei Bereiche geteilt: Marktgebiet I und II. Das Marktgebiet I umfasst den Bereich, welchen man in der Hauptverkehrszeit (zwischen 16 und 18 Uhr) in fünf bis sieben Minuten erreichen kann (vgl. LINKE, 2011, S. 8). Beim Marktgebiet II sind es bei gleicher Tageszeit zwölf bis 15 Minuten (vgl. LINKE, 2011, S. 8). Mit Hilfe von "Google maps" wird zunächst das Marktgebiet I graphisch dargestellt:

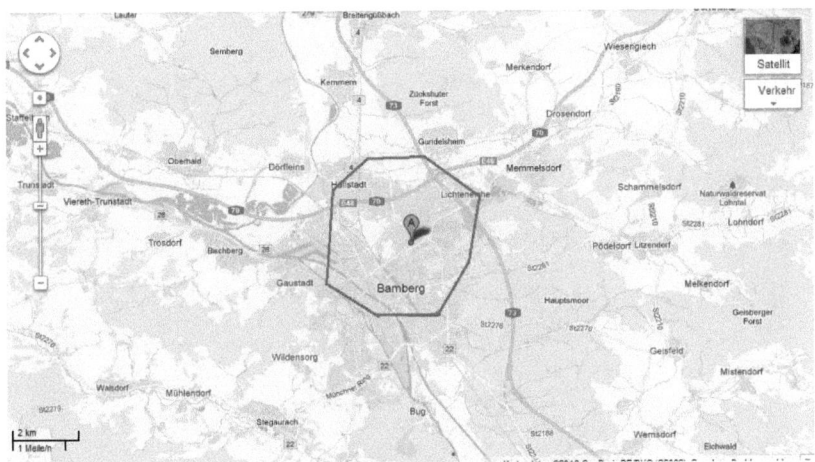

Abb. 1: Marktgebiet 1 (www.maps.google.de)

Man kann gut erkennen, dass das Marktgebiet I die komplette Kernstadt ausmacht. Durch die gute Verkehrsanbindung (A70 und A73) umfasst das Marktgebiet mehr als die Stadt Bamberg und würde somit für diese Aufgabe den Rahmen
sprengen. Von den knapp 20 Mitbewerbern in der Kernstadt werden nur ähnliche
Angebote dargestellt (Fitnessstudio). Da der eigene Betrieb keine Ernährungsberatungen anbietet, wird in der folgenden Tabelle die allgemeine Angebots- und
Preisstruktur der Mitbewerber dargestellt; hinzu kommt, dass kein Mitbewerber
in der Kernstadt einzelne Ernährungsberatungen anbieten. Dadurch kann nicht
herausgefunden werden, was die einzelnen Ernährungsberatungen kosten (Angebote der Unternehmen können über die jeweilige Internetadresse in Erfahrung
gebracht werden; Preise erfährt man meist nur durch Anruf oder Besuch des jeweiligen Betriebes; eine genaue Preisauskunft konnte man nicht bei jedem Betrieb in Erfahrung gebracht werden).

Tab. 2: Angebots- und Preisstruktur der Mitbewerber

	Angebot	Preisstruktur
Posedown	- Krafttraining - Betreuung durch Trainer - Herz-Kreislauftraining - Rückentraining - Ernährungsberatung	- 20 – 60€ pro Monat

	- Rehabilitationstraining - Aerobic - Kinderbetreuung - Sauna & Solarium - Kurse	
Ladyfit	- Gerätetraining - Herz-Kreislauftraining - Rücken- und Figurzirkel - Kurse - Ernährungsberatung - Body-Age-Test - Vacu-Therapie - Sauna & Solarium - Relax- und Ruhebereich - Kinderbetreuung	- 11,95 – 29,00 € pro Woche
Simply Fit	- Fitnesstraining - Cardioscan - Inbody Körperanalyse - Stoffwechselanalyse - Back-Check - Ernährungsberatung - Rückentraining	- 51,99 € pro Monat (24 Monate) - 61,99 € pro Monat (12 Monate) - 69,99 € pro Monat (6 Monate)
TEN Studio	- Vibrationstraining - Kurse	- 99 € pro Monat(3 Monate) - 79 € pro Monat(6 Monate) - 59€ pro Monat (12 Monate) - 49€ pro Monat(24 Monate) - 159 € (10er Karte)
Quickfit GmbH	- Fitnesstraining	- Ab 12,90 € pro Monat
Bellissima	- Individuelle Betreuung - Zirkeltraining	- 50 – 80 € pro Monat

	Angebot	Preisstruktur
	- Rollen- und Bandmassage - Ernährungsberatung - Stärkung Selbstbewusstsein	
Fit Vital	- Gerätetraining - Sauna - Kurse - Vibrationstraining	- Gerätetraining/Spinning/Sauna (50,10€ pro Monat) - Kurse/Spinning/Sauna (50,10€ pro Monat) - Gerätetraining/Kurse/Spinning/Vibrationstraining/Sauna/Getränke Flatrate (69,90€ pro Monat)
MTV	- Fitnesstraining - Kurse - Ernährungsberatung - Sauna	- 50 – 70 € pro Monat (+15 € Aufnahmegebühr + 35 € Betreuungspauschale)
Point Fitness Center GmbH	- Fitnesstraining - Kurse - Wellness - Sauna & Solarium - Beratungen	- 15,95 € pro Woche (6 Monate) - 13,95 € pro Woche (12 Monaten) - 11,95 € pro Woche (24 Monaten)

d)

Um das eigene Angebot mit den Mitbewerbern zu vergleichen, wird zunächst das Angebot und die Preisstruktur des eigenen Ausbildungsbetriebes dargestellt:

Tab.3: Angebot und Preisstruktur des eigenen Betriebes

	Angebot	Preisstruktur
Kieser Training	- Krafttraining - Kraftmessung - Rückenanalyse	- Mitgliedschaft: 12 Monate (53€ monatlich); 24 Monate (43€ monatlich)

Bamberg	- Medizinische Kräfti- gungstherapie	- Kraftmes- sung/Rückenanalyse (30€)

Kieser Training reduziert das eigene Angebot auf das gesundheitsorientiertes Krafttraining. Damit besitzt das Unternehmen ein Alleinstellungsmerkmal. Dieses grenzt den Betrieb von den Mitbewerbern im Marktgebiet ab. Zwar gibt es einige Betriebe, die gesundheitsorientiertes Training anbieten (MTV, Fit Vital); doch durch das zusätzlich Angebot von Kursen, Ausdauertraining und Wellness werden diese Unternehmen als „Fitnessstudio" gesehen. Die Menschen sehen Kieser Training durch die Produktreduktion mehr als Gesundheitsbetrieb und schätzen den nüchternen Charakter des Trainings (keine Musik, keine Fernseher, kein Verkauf von Eiweiß-Shakes). Sie möchten effektiv trainieren um so ihre Beschwerden zu lindern (z.B. Rückenschmerzen). Um erfolgreich zu sein, reichen dabei ein- bis zweimal die Woche Training mit einer Trainingsdauer von 30 Minuten.

Zusammenfassend kann festgestellt werden, dass das Angebot für die Zielgruppe, die Kieser Training anspricht, genau das richtige ist.

Als negativer Aspekt an Kieser Training wird oft der Preis genannt. Grund dafür ist ein Preis im mittleren Preissegment bei gleichzeitigem Angebot von nur einer Dienstleistung: Dem Krafttraining. Doch man muss das hohe Maß an Betreuung bedenken: In diesem Bereich können Mitbewerber Geld sparen und so den Preis für die Dienstleistung nach unten drücken. Bei Kieser Training stehen zu jeder Zeit kompetente, geschulte Mitarbeiter zur Verfügung. Außerdem kann der Kunde nach jeweils 20 Trainingseinheiten einen Kontrolltermin vereinbaren. Die meist fehlende Betreuung gleichen die Konkurrenten mit Zusatzangeboten wie Kurse, Ausdauertraining oder Wellness aus. Hier wird das Alleinstellungsmerkmal zum Kritikpunkt. Doch wie schon erwähnt: Die Zielgruppe, die Kieser Training anspricht, kann auf die Zusatzleistungen verzichten, solange die Betreuung stimmt.

Gegenüber den Mitbewerbern kann das eigene Unternehmen ein hochwertiges Produkt zu einem günstigen bis mittleren Preis anbieten. Dadurch kann man das eigene Produkt im Hinblick auf die Konkurrenzsituation als überdurchschnittlich gut bewerten.

e)

Als nächstes stellt sich die Frage, wie auf die Konkurrenzsituation reagiert werden kann, um wettbewerbsfähig zu bleiben:

An Anfang stellt sich die Frage nach dem Preis der Dienstleistung. Hier sind die Franchiseunternehmer jedoch vertraglich gebunden. Das bedeutet, dass sie den Preis nicht einfach willkürlich ändern können. Diese Strategie fällt folglich beim eigenen Unternehmen aus.

Auch die Erweiterung der Produktpalette (Kurse, Ausdauertraining, Personaltraining oder Wellness) ist nicht ohne Weiteres umsetzbar. Zwar gibt es Ansätze in der Schweiz, bei denen versucht wird, das Kieser Training-Konzept in Verbindung mit Ausdauer anzubieten. Jedoch muss erst gezeigt werden, dass diese Variante der Dienstleistung für die Zielgruppe attraktiver ist, bevor dies international umsetzbar ist.

Eine Möglichkeit um vor allem gegenüber Discountern (hier: Quickfit) wettbewerbsfähig zu bleiben, ist das Anbieten von Schüler- oder Studententarifen, welches trotz der vertraglichen Bestimmungen von Kieser Training möglich ist. Durch die Maßnahme spricht man vor allem jüngere Kundschaft an und ist in der Lage, seine Zielgruppe zu erweitern.

Eine weitere Möglichkeit, um vor allem die bestehende Kunden zu binden und vor dem Abwandern zu hindern, ist das Anbieten von Ernährungsberatungen oder Gesundheitskursen. Diese müssen extern abgerechnet werden, da Kombiverträge, wie oben bereits erwähnt, nicht möglich sind. Die Kunden müssen dann bereit sein, mehr für die zusätzliche Dienstleistung zu bezahlen.

Im Großen und Ganzen ist es bei Kieser Training schwierig, flexibel auf die Konkurrenzsituation einzugehen. Durch das oben bereits erwähnte Alleinstellungsmerkmal ist Kieser Training trotzdem in der Lage langfristig wettbewerbsfähig zu bleiben.

f)

In dieser Aufgabe wird Stellung zu folgender Aussage genommen:

„Sollte der Deckungsbeitrag II eines Unternehmensbereiches negativ sein, der Deckungsbeitrag I jedoch positiv, so ist die einzig richtige Unternehmensstrategie, dass dieser Geschäftsbereich aufgegeben werden muss!"

Eine Definition, was den Deckungsbeitrag I und II ausmacht, ist bereits in Aufgabe 3a) erfolgt. In der dargestellten Situation heißt es, dass die direkt zurechenbaren variablen Kosten durch die Erträge gedeckt werden, jedoch nicht die direkt zurechenbaren fixen Kosten. Letztendlich erwirtschaftet dieser Geschäftsbereich einen negativen Gewinn. Trotzdem muss dieser Bereich nicht sofort aufgegeben werden. Nimmt man zum Beispiel an, dieser Bereich stelle den Wellnessbereich eines Unternehmens dar: Viele Kunden freuen sich nach dem anstrengenden Training auf eine entspannte Massage oder einen Saunagang. Einige Kunden nutzen auch ganz isoliert nur diesen Bereich eines Betriebes. Kommt es nun zur Schließung der Wellnessanlage, hat dies sicherlich eine Verringerung der Kundenzufriedenheit zur Folge. Dies wiederrum würde sich – aufgrund von Kündigungen – negativ auf die anderen Bereiche des Unternehmens auswirken (Kurse, Personaltraining oder Krafttraining). Deshalb sollte die Unternehmensleitung genau prüfen ob solch eine Aufgabe eines Bereiches nicht mehr negative Konsequenzen nach sich zieht. Ein einfaches Zahlenbeispiel soll diesen Sachverhalt noch einmal verdeutlichen:

Deckungsbeiträge II in den einzelnen Bereichen:

Training	Kurse	Wellness	Personaltraining	Ernährungsberatung
+ 700	+ 200	- 300	+ 100	+ 500

Gesamt: + 750

Deckungsbeiträge II in den einzelnen Bereichen bei Aufgabe des Wellnessbereiches:

Training	Kurse	Personaltraining	Ernährungsberatung
+ 300	- 100	+ 100	+ 300

Gesamt: + 600

Anhand dieses Zahlenbeispiels wird ersichtlich, dass sich die Aufgabe eines Bereiches, der keinen Gewinn erwirtschaftet, negativ auf die anderen Bereiche auswirken kann, und somit auch insgesamt einen negativen Einfluss auf das Unter-

nehmen hat. Bevor ein Bereich aufgegeben wird sollte nach den Ursachen für den negativen Deckungsbeitrag II gesucht werden. Eventuell kann man durch Schulungen, Neueinstellungen oder auch Kündigungen (einzelner Mitarbeiter) den Deckungsbeitrag nach oben verschieben.

Literaturverzeichnis

FEILMEIER, M./KUNZ, R.: Schriftenreihe angewandter Versicherungsmathematik, Planung und Controlling, Deutsche Gesellschaft für Versicherungsmathematik, Heft 29, Verlag Versicherungswirtschaft e.V., Karlsruhe, 1997, S. 16.

GLEICH, R./HORVÁTH, P./MICHEL, U.: Finanz-Controlling, strategische und operative Steuerung der Liquidität, 1. Auflage, Haufe- Lexware GmbH & Co. KG, Freiburg, 2011, S.246.

KÜTING, K./WEBER, C.-P.: Die Bilanzanalyse, Beurteilung von Abschlüssen nach HGB und IFRS, 7. Auflage, Schäffer-Poeschel Verlag, 2004, S. 3.

LIES, E.: Erfolgsfaktoren des Working Capital Managements, Optimierungsansätze der Financial Supply Chain, Diplomica Verlag GmbH, Hamburg, 2011, S. 22, 23.

LINKE, A.: Marketingkonzept am Beispiel eines Fitness-Studios in Dresden, Studienarbeit, Auflage 1, Grün-Verlag, 2011. S. 8.

PINAULT, F.-H.: Lagebericht der Puma AG über das Geschäftsjahr 2010, Herzogenaurach, 14.04.2011, S. 3+5+11, Online im Internet, http://about.puma.com/wp-content/themes/aboutPUMA_theme/financial-report/pdf/HGB_PUMA_2010_d.pdf [Stand: 05.06.2012].

PUMA AG: Geschäfts- und Nachhaltigkeitsbericht 2010, Puma AG Rudolf Dassler Sport, Herzogenaurach, 2011, Online im Internet, http://ir2.flife.de/data/puma/igb_html/index.php?bericht_id=1000004&lang=DEU [Stand: 06.06.2012].

RENKEL, M.: Die Konzeption und Implentierung einer mehrstufigen Deckungs-beitragsrechnung mit stufenweiser Fixkostendeckungsrechnung vor dem Hinter-grund einer zunehmenden Harmonisierung von in- und externem Rechnungswe-sen, Grin Verlag, 2009, S. 62.

SCHLAFFKE, W./PLÜNNECKE, A.: Studienbrief Betriebswirtschaftslehre, Deutsche Hochschule für Prävention und Gesundheitsmanagement, v.5.0, April 2011, S. 20, 27, 28 39, 40, 77, 121.

VOLLMUTH, H.J.: Bilanzen richtig lesen, besser verstehen, optimal gestalten, 9. Auflage, Rudolf Haufe Verlag GmbH & Co. KG, Planegg/München, 2009, S. 32, 33, 34.

WOLLENBERG, K.: Taschenbuch der Betriebswirtschaft, 2. Auflage, Fachbuch-verlag, Leipzig 2004, S. 214.

ZDROWMYSLAW, N.: Betriebsvergleiche und Brenchmarking für die Manage-mentpraxis, Oldenbourg Wissenschaftsverlag GmbH, München, 2001, S. 154.